PROFESSION DE FOI

D'UN MILITAIRE FRANÇAIS.

A PARIS,

Chez les Marchands de Nouveautés.

MAI 1815.

RÉFLEXIONS PRÉLIMINAIRES.

On a remarqué avec étonnement, surtout dans les départemens rapprochés de la rive du Rhin, que des publicistes allemands, qui comptent parmi eux tant d'hommes distingués par leurs lumières, et par une connaissance approfondie de l'histoire et des droits des nations, aient pu reprocher aux militaires français et à la nation entière, comme une défection contraire à leurs sermens, à leurs devoirs et à l'honneur, l'abandon de la cause des Bourbons. Cet abandon, subit et unanime, n'a été que le résultat nécessaire des violations de toutes les promesses les plus solennelles, et des torts graves par lesquels le roi et les princes se sont aliéné le peuple et l'armée.

Ces publicistes auraient dû considérer que l'armée française est essentiellement nationale, composée d'officiers et de soldats citoyens, qui ne se regardent point comme la propriété, le patrimoine, le troupeau servile du prince; mais comme les défenseurs et les conservateurs de l'indépendance, de la gloire, de la prospérité de la France. Les militaires français ne sont point des instrumens passifs et aveugles. Autant ils observent, avec une exactitude rigoureuse, les règles de la discipline et de l'obéissance, sous les armes et dans les camps; autant, dans les époques décisives, dans lesquelles il s'agit de sauver ou de sacrifier la liberté publique, ils sont jaloux de ne se prononcer qu'avec un sentiment réfléchi et raisonné de leurs véritables devoirs envers la patrie.

Les Bourbons, en revenant en France, n'ont soupçonné ni leur position, ni l'esprit et le caractère de la nation, ni la nature du terrein sur lequel ils voulaient s'établir. Ils ont cru rentrer dans une propriété acquise par héritage, et pouvoir l'administrer, sans le concours d'aucun de ceux qui, depuis plus de vingt années, avaient eu part à sa gestion, qui seuls pouvaient en bien connaître les ressources, les besoins, et indiquer les moyens d'en améliorer l'exploitation.

Les Bourbons ont été entraînés dans une fausse route par les restes corrompus d'une caste privilégiée, dont l'égoïsme et les prétentions exclusives ont révolté la nation : cette caste les a mal conseillés, mal défendus ; elle a fini par les perdre (1).

Napoléon a été accueilli par le peuple,

(1) Indépendamment des actes du gouvernement et des ministres, contraires au vœu public et aux articles formels de la Charte constitutionnelle, l'entourage, la conduite, les discours, toutes les démarches du Comte d'Artois et des princes, à Paris et dans leurs voyages, ont été marqués au coin de la maladresse et d'un profond mépris de l'armée, du peuple, de l'opinion.

Un soldat blessé se présente au duc de Berry, dans une revue : « Tu as été blessé au service de Bonaparte, dit le prince ; va lui demander une pension ».

« Tu as perdu le bras en Russie, dit-il à un autre : pourquoi l'armée a-t-elle fait la folie d'y aller » ? — « Sans cette folie, mon prince, vous n'auriez jamais revu la France ».

Ailleurs, il se plaint d'une manœuvre de cavalerie : « J'ai vu des corps anglais qui savent bien mieux manœuvrer ».

Et son oncle, Louis XVIII, avait dit, à la face de l'Europe : « C'est au Prince Régent d'Angleterre que je suis, après Dieu, redevable de ma couronne ».

Une institution, dont l'expérience a prouvé l'utilité, est celle de l'organisation militaire du train d'artillerie, comme le défenseur de ses droits; par l'armée, comme le vengeur de sa gloire. Il est guidé, soutenu, porté par un mouvement national.

Tout concourait à aigrir les fonctionnaires publics, les militaires, tous les individus restés en France, contre les Bourbons et leurs partisans. Une haine profonde et générale, difficilement comprimée,

qui a rendu d'importans services dans nos armées. Le duc de Berry, qui n'avait même aucune idée de cette institution, ni de son but, répond brusquement à un corps d'officiers du train : « Croyez-vous que les Bourbons paient des charretiers »?

Il insulte, à Metz, les jeunes élèves de l'école de l'artillerie et du génie, dont il connaît, dit-il, le mauvais esprit. A Paris, il exprime son vœu de voir détruire l'école polytechnique. Il manifeste ouvertement son mépris pour la Charte et les deux Chambres. Le Roi lui-même est obligé de réparer souvent ses sottises.

Toutes nos principales villes, Strasbourg, Besançon, Lyon, Grenoble, Lille, et tous les corps de troupes, qu'ont visités nos princes, ont recueilli des mots échappés du même genre, qui tous portaient l'empreinte de l'ignorance, de l'insolence, de la malveillance, d'une haine prononcée de tout ce qui tenait, en France, à l'état militaire et à la révolution.

Le duc d'Angoulême, grand-amiral, fait mander un commis de la marine, qui avait refusé d'admettre, comme devait nécessairement produire une violente explosion. Le retour subit de Napoléon n'a pas été la *cause*, mais l'*occasion* de la révolution qui s'est opérée. Cette révolution a prévenu la guerre civile. Elle a sauvé les nobles eux-mêmes, que les paysans indignés auraient exterminés dans leur fureur.

Quand l'unanimité du vœu national des

bons, les services d'un officier français émigré dans la marine anglaise; il accable ce commis d'injures grossières: « Apprenez, dit-il avec dureté, que les services rendus en Angleterre auprès du Roi et pour la cause royale, sont les seuls valables; que tous les militaires restés en France ont suivi les étendards de la rébellion et de l'usurpation; que les ving-cinq dernières années sont, pour les armées françaises, vingt-cinq années de brigandage ».

Le Comte d'Artois avait eu l'impudence et l'imprudence de dire : « Les Rois d'Espagne et de Piémont vont trop vite. Les imbéciles veulent faire, en deux mois, ce que nous ferons en deux ans ».

Dans les voyages des princes, après le départ des autorités qu'ils recevaient à leurs audiences, on parlait avec dérision des discours et des manières de tous les membres de ces autorités. Les mots *Patrie*, *Liberté*, *Constitution*, *Gloire militaire*, *Honneur français*, prononcés par les bouches plébéiennes, faisaient sourire de pitié les nobles chevaliers revenus de l'émigration.

villes, des campagnes, de tous les corps de l'armée a constaté, aux yeux de l'Europe, le refus prononcé de la France de subir le joug des Bourbons, pourquoi les étrangers voudraient-ils nous l'imposer de nouveau? N'ont-ils pas solennellement promis de nous laisser le libre choix de notre gouvernement? De quel droit viendraient-ils s'immiscer dans nos affaires intérieures? N'ont-ils pas reconnu l'Empereur Napoléon? n'ont-ils pas contracté avec lui des traités, des alliances? Lorsqu'il est entré en vainqueur dans leurs capitales, à Vienne, à Berlin, a-t-il abusé de la victoire, au point de vouloir faire tomber leurs couronnes et forcer leurs peuples à reconnaître d'autres dynasties? Que diraient les Anglais, si nous voulions leur imposer quelques descendans des Stuart? Que diraient les Russes, si nous allions chercher un rejeton obscur d'une famille, qui pût s'attribuer chez eux d'anciens droits à l'Empire, et si nous voulions reléguer leur souverain dans une île éloignée (2)?

(2) Si, à l'époque où le général Prussien Yorck aban-

Appliquons, en politique, ce grand pré-
cepte de morale : de ne point faire aux au-

donna l'armée française, en 1813, l'Empereur Napoléon, alors maître de Berlin, eût fait arrêter le roi Guillaume, l'eût fait conduire à Paris, et eût imposé à la Prusse un prince étranger de quelque famille germanique, qui eût eu d'anciennes prétentions de *légitimité* à faire valoir; si le roi prisonnier, parvenu à s'échapper, eût ensuite reparu dans ses états, après qu'ils n'auraient plus été occupés par des troupes étrangères : qui doute que la nation et l'armée prussiennes ne l'eussent accueilli avec enthousiasme, comme un vengeur et un libérateur? — Pourquoi les Prussiens reprocheraient-ils aux Français ce qu'ils auraient fait eux-mêmes, dans une semblable circonstance?

Ne peut-on pas faire la même question aux Autrichiens et aux Russes? Les deux Empereurs François et Alexandre ne sont-ils pas venus, l'un à Austerlitz, l'autre à Erfurth, se mettre à la disposition de Napoléon? Si celui-ci, abusant des circonstances, comme ces princes ont abusé de la force des événemens, qui avait réuni cinq cents mille hommes en France, eût déclaré que François et Alexandre ne reparaîtraient plus en Autriche ni en Russie, mais que ces monarques eussent pu s'y représenter à leurs peuples; les militaires et les habitans de toutes les classes n'auraient-ils pas volé de concert au-devant d'eux, en abandonnant ou même en repoussant les maîtres auxquels on aurait voulu les soumettre par la force? — De quel droit voudrait-on aujourd'hui nous interdire, ou nous reprocher, une conduite qu'un sentiment naturel et national aurait évidemment inspirée, en pareil cas, à tous les autres peuples?

tres ce que nous ne voudrions pas qu'ils nous fissent.

Les rois et les nations de l'Europe ont un égal intérêt à respecter l'indépendance de la France : qu'ils ne réveillent point le courage et la colère d'une nation, qui n'aspire désormais qu'à jouir, sur son propre territoire, d'une liberté raisonnable, d'une industrie florissante, d'une heureuse tranquillité.

Nous dirons aux monarques et à leurs ministres : Vous devez craindre le bon sens de vos peuples, qui les empêchera de prodiguer long-temps leur sang pour servir vos passions, dans une guerre injuste et impie.

Nous dirons aux peuples : La cause de l'indépendance française est votre cause. Si la France pouvait être asservie, avilie, démembrée, où serait la sûreté des autres états?

Nous dirons aux Français eux-mêmes : Citoyens de toutes les classes, il s'agit de nos propriétés, de nos familles, de notre existence, de notre honneur, de tout ce que nous avons de plus cher et de plus sacré. Que tous les souvenirs de partis, toutes les dissensions d'opinions s'évanouissent. Quel être égoïste, insensé, parricide, voudrait s'armer contre la patrie, ou même se refuser à la défendre? Qui de nous voudrait voir des Anglais, des Russes, des Prussiens, des Espagnols, venir nous commander en maîtres, disposer de nos fortunes, de nos personnes, nous imposer un gouvernement, nous dicter des lois? L'espoir de l'étranger est dans nos divisions; formons un faisceau, et nous serons invincibles.

Tandis que l'Europe attentive est encore en suspens, que les nuages chargés de tempêtes sont prêts à s'entr'ouvrir, qu'il est temps encore de conjurer l'orage, qui ne menace pas moins l'Europe entière que la France, un militaire, qui a la noble confiance d'être l'interprète fidèle de ses camarades et de tous les bons Français, croit devoir publier sa profession de foi sur les événemens actuels, sur la nature des devoirs, des droits, des sentimens qui ont réglé sa conduite. Cette profession sera une réponse aux imputations calomnieuses de quelques écrivains étrangers : elle pourra éclairer les hommes de bonne foi, fournir un point de ralliement aux esprits encore incertains, rapprocher et réunir les opinions les plus opposées, par la communauté nécessaire et démontrée des intérêts, des besoins, des sentimens.

Ce n'est point une querelle de dynastie entre Bonaparte et les Bourbons; mais un dernier combat entre les débris de la noblesse féodale et la nation, entre les priviléges et l'égalité, entre les préjugés et la raison publique, entre l'inquisition et la liberté des cultes, entre l'ancien régime et les institutions nouvelles.

On peut prévenir ce combat à mort et ses suites sanglantes : il ne faut pour cela que savoir exactement ce qu'on veut, s'interroger, s'entendre. C'est pour en donner le moyen que je publie, dans cet écrit, ma profession de foi, qui, j'ose le croire, est en même temps celle de la nation et de l'armée.

PROFESSION DE FOI
D'UN MILITAIRE FRANÇAIS.

§ Ier.

DANS une révolution subite et imprévue, à laquelle l'armée s'honore d'avoir eu la plus grande part, mais qui est aussi le résultat du concours unanime de la nation, un militaire français éprouve le besoin de manifester à ses concitoyens et à l'Europe les motifs qui l'ont dirigé, lui et ses camarades, afin d'expliquer nettement pourquoi la famille des Bourbons a été abandonnée par l'immense majorité des Français, et quels sont les biens réels et durables que la nation et l'armée ont droit d'attendre du retour de l'Empereur et de l'influence immédiate et salutaire de son gouvernement.

§ II.

Les deux premiers et impérieux besoins des Français, militaires et citoyens, sont la gloire et la liberté. Nul ne peut mieux que Napoléon procurer au peuple et à l'armée ces deux bienfaits de l'ordre social.

§ III.

Elles ont retenti profondément dans le cœur

de tous les Français, ces paroles énergiques de l'Empereur Napoléon :

« Depuis 25 ans, la France a de nouveaux » intérêts, de nouvelles institutions, une nou- » velle gloire, qui ne peuvent être garantis » que par un gouvernement national et par » une dynastie née dans ces nouvelles cir- » constances.

» Un prince qui régnerait sur nous par la » force des mêmes armées qui ont ravagé notre » territoire, chercherait en vain à s'étayer des » principes du droit féodal; il ne pourrait » assurer l'honneur et les droits que d'un » petit nombre d'individus, ennemis du peuple, » qui, depuis 25 ans, les a condamnés dans » toutes nos assemblées nationales. Notre » tranquillité intérieure, notre considération » extérieure seraient perdues à jamais ».

§ IV.

Les Bourbons, que des armées étrangères avaient imposés à la France, et qui ont ramené à leur suite des Français criminels, armés depuis 25 ans contre leur patrie, se sont montrés les ennemis de notre gloire. Ils ont déconsidéré, humilié, frappé d'une proscription morale, menacé d'une proscription réelle, tous les hommes qui avaient servi la patrie avec honneur et avec dévouement dans les emplois militaires, civils, politiques, administratifs, pendant tout le cours de la révolution.

§ V.

Les Bourbons, au lieu de se rallier franchement à la nation et à l'armée; d'épouser la gloire nationale; d'adopter, comme un noble héritage, tous les résultats des immenses travaux de la génération actuelle, ont commencé par livrer toutes les places fortes occupées par des garnisons françaises, et par se mettre à la merci de nos ennemis, qu'ils appelaient leurs *alliés* et nos *libérateurs*. Ils ont renoncé aux limites naturelles de la France, parce que ces limites avaient été glorieusement conquises par les Français, sous d'autres chefs que leurs anciens rois. Ils ont arboré la cocarde blanche, qui réveillait le souvenir odieux des guerres civiles, et ils ont proscrit les trois couleurs nationales, consacrées par vingt-cinq années d'efforts héroïques, de sacrifices, de travaux, de victoires. Ils n'ont pas rougi d'apposer au bas de tous les actes royaux, cette formule dérisoire de leur dix-neuvième et vingtième année de règne, qui était à la fois une injure aux autres puissances, et un aveu de leur propre nullité, profonde et absolue, tandis qu'elle tendait à criminaliser la révolution et à frapper d'anathème tout ce qui avait été fait, dans l'intérieur et dans les armées.

depuis leur expulsion. Ils ne cessaient de parler, avec une affectation orgueilleuse, de leur prétendue légitimité, qui constituait la nation et l'armée en état de rébellion; tant qu'elles avaient reconnu d'autre gouvernement que le leur. Ils ont craint d'appeler auprès du trône une véritable représentation, retrempée par des élections émanées du peuple. Ils ont introduit dans la chambre haute leurs anciens nobles émigrés qui avaient dépouillé tout sentiment français. Ils ont conservé dans la chambre basse les restes d'un corps législatif, dont les pouvoirs étaient en partie expirés, et qui avait trahi la nation par sa lâcheté. Ils ont flétri cette légion d'honneur, le sanctuaire des braves, en lui ôtant sa plus noble prérogative, et en prodiguant sa décoration à ceux même qui avaient constamment porté les armes contre leur pays. Après avoir promis de tout oublier, et de voir du même œil tous les Français, ils ont exclusivement appelé auprès d'eux, admis dans leur intimité, employé, favorisé tous les émigrés rentrés, les anciens nobles, les ennemis connus de la révolution; tandis qu'ils ont éloigné, repoussé, maltraité tous les hommes restés en France qui avaient servi et défendu la patrie avec fidélité. Forcés de donner à la France une ombre de garantie, leur prétendue charte constitutionelle n'a été qu'une simple ordonnance royale, concession nécessairement révocable et toujours précaire, dépouillée même des formalités exigées pour toutes les lois, et à laquelle on avait craint de faire donner la sanction de la volonté nationale, par le concours des corps qui paraissaient représenter la nation. La proposition d'obliger tous les fonctionnaires publics à prêter le serment d'observer fidèlement cette charte, n'a même pu être accueillie dans la chambre des pairs, et a prouvé l'intention secrète de la détruire un jour. Des atteintes continuelles, directes ou indirectes, à toutes les dispositions que la charte avait consacrées, n'ont cessé d'inquiéter tous les citoyens dans leur réputation, leur honneur, leur sûreté, leur existence.

Alors, toutes les promesses les plus solennelles des Bourbons étant violées et détruites, la nation et l'armée ont été dégagées de sermens partiels, imposés par la violence et la nécessité. Le pacte social, qui n'était point consenti, s'est trouvé nul. Un mécontentement unanime, que rien ne pouvait plus comprimer, a éclaté contre les Bourbons. Leur règne éphémère s'est évanoui.

§ VI.

La révolution, qui prive les Bourbons du trône, est donc essentiellement nationale. Elle n'est point le triomphe d'un homme; mais celui de l'opinion, de la liberté publique. La nation et l'armée n'ont qu'un même sentiment, un même vœu : l'indépendance et la gloire de la France; la liberté et la prospérité de la patrie, sagement gouvernée par des lois qui soient l'expression de la volonté nationale.

§ VII.

L'Empereur Napoléon sent le besoin de régner sur un peuple libre, par et pour ce peuple, et avec le concours de ses représentans, pour avoir un règne honorable et solidement affermi, pour donner une base vraiment nationale à ses institutions et à sa dynastie.

§ VIII.

Le peuple français et l'armée, en servant avec fidélité l'Empereur et sa dynastie, réclament une constitution libérale, destinée à fonder sur des bases solides la prospérité de la France, et à rassurer le monde épouvanté par les entreprises récentes du despotisme sur tous les points du continent.

§ IX.

Les principes fondamentaux consacrés par les différentes constitutions de nos assemblées nationales, en 1791, en l'an 3, en l'an 8, et par les constitutions de l'Empire, et leur observation rigoureuse sont l'expression fidèle du vœu national.

Ces principes, autour desquels se rallie l'opinion de la classe pensante, des classes moyennes et de l'immense majorité de la nation, peuvent être réduits aux suivans :

1°. L'égalité de droits de tous les citoyens et leur admissibilité à tous les emplois civils et militaires ;

2°. Le libre consentement des levées d'hommes et des impôts ;

3°. La liberté publique et individuelle assurée ;

4°. La liberté de la presse, première garantie de la liberté individuelle et des libertés publiques, et sauve-garde nécessaire des peuples et des gouvernemens ;

5°. L'inviolabilité du secret des lettres, si nécessaire à la tranquillité des familles, à la libre communication des épanchemens du cœur, des sentimens et des pensées;

6°. L'inviolabilité des propriétés, base essentielle de l'ordre social, et l'abolition de la peine de confiscation;

7°. La liberté des cultes garantie;

8°. L'inamovibilité des juges, nécessaire pour assurer l'indépendance de leurs jugemens;

9°. L'institution du jury conservée, et appliquée même aux délits appelés *politiques*;

10°. L'inviolabilité du chef de l'état, et la responsabilité sévère et positive des ministres;

11°. La garantie de la dette publique; la liberté et l'inviolabilité de la banque de France;

12°. L'assurance qu'aucun militaire, parvenu au rang d'officier, ne puisse être privé de son grade que par un jugement légal, ou d'après un rapport motivé et public du ministre de la guerre à l'Empereur, pour garantir aux officiers leur état, qui est leur propriété, et dans lequel ils seront d'autant plus dévoués et fidèles, qu'ils n'auront rien à craindre de l'arbitraire, aussitôt qu'après l'imminent danger de la patrie, le régime constitutionnel sera établi.

§ X.

Une représentation nationale, divisée en deux chambres, délibérant publiquement, est réclamée par l'immense majorité des Français, pour exercer l'autorité législative avec le concours du chef suprême du pouvoir exécutif.

§ XI.

La puissance de l'Empereur Napoléon et sa dynastie seront d'autant plus solidement affermies et inébranlables, qu'elles prendront leur racine et leur point d'appui dans l'opinion publique librement manifestée, dans la conservation et la garantie des droits du peuple, dans la puissance et dans la volonté nationales.

IMPRIMERIE DE FAIN, PLACE DE L'ODÉON.

www.ingramcontent.com/pod-product-compliance
Lightning Source LLC
LaVergne TN
LVHW020513230826
846091LV00008BA/3475

* 9 7 8 2 0 1 3 5 8 6 3 2 0 *